FR. CAIO OLIVEIRA, CSSR
FR. PAULO ROBERTO SANTOS SANTANA, OFM

EM MARIA, NASCE CRISTO. COM MARIA, NASCE A IGREJA

COLEÇÃO ESCOLA DE MARIA
21

EDITORA
SANTUÁRIO

Dados Internacionais de Catalogação na Publicação (CIP) de acordo com ISBD

O48m Oliveira, Caio

Em Maria, nasce Cristo. Com Maria, nasce a Igreja / Caio Oliveira, Paulo Roberto Santos Santana. - Aparecida : Editora Santuário, 2024.
64 p. ; 14cm x 21cm.

ISBN: 978-65-5527-413-4

1. Religião. 2. Cristianismo. 3. Mariologia. 4. Maria. I. Santana, Paulo Roberto Santos. II. Título.

CDD 240
2024-664 CDU 24

Elaborado por Vagner Rodolfo da Silva - CRB-8/9410

Índice para catálogo sistemático:
1. Religião : Cristianismo 240
2. Religião : Cristianismo 24

1ª impressão

Rua Pe. Claro Monteiro, 342 – 12570-045 – Aparecida-SP
Tel.: 12 3104-2000 – Televendas: 0800 - 0 16 00 04
www.editorasantuario.com.br
vendas@editorasantuario.com.br

Em Maria, nós já podemos contemplar a imagem da Igreja, que atingiu a perfeição: na glória de Deus, Maria já é o que nós somos chamados a ser. Os cristãos, que ainda se esforçam para crescer em santidade, vencendo as tentações e o pecado, elevam seu olhar para Maria, que refulge para toda a comunidade dos discípulos como exemplo de virtudes. Por isso, ao mesmo tempo que exalta as "maravilhas que o Senhor realizou nela" (cf. Lc 1,46-55), a Igreja ensina que a devoção a Maria se expressa principalmente pela imitação de sua vida e de suas virtudes (cf. LG 67).

Dom Odilo Pedro Cardeal Scherer

(Viva, Mãe de Deus e Nossa!
Carta pastoral à Arquidiocese de São Paulo,
por ocasião do Ano Mariano Nacional 2016-2017)

APRESENTAÇÃO

Maria, Mãe de Cristo e da Igreja, é uma das figuras mais importantes e veneradas da fé cristã. Sua presença e sua missão são fundamentais para a compreensão do plano de salvação de Deus para a humanidade. Nesta obra, dois autores apresentam suas reflexões sobre a maternidade de Maria, a partir de diferentes perspectivas teológicas e espirituais.

O livro está dividido em dois capítulos, que abordam aspectos distintos, mas complementares, da maternidade de Maria. O primeiro capítulo, de autoria do Frater Caio Oliveira, explora o sentido litúrgico de celebrar Maria como Mãe de Cristo e como essa celebração nos convida a imitar sua atitude de fé, esperança e amor. O segundo capítulo, de autoria do Frei Paulo Roberto, examina a relação entre a maternidade divina e a maternidade humana de Maria, compreendendo o mistério dessa maternidade que gera Cristo e gera a Igreja.

Este livro é fruto do Trabalho de Conclusão do Curso de Pós-graduação em Mariologia, oferecido pela Academia Marial de Aparecida e pela Faculdade Dehoniana. O objetivo desse curso é aprofundar o conhecimento sobre a figura e o papel de Maria na história da salvação, à luz da Sagrada Escritura, da Tradição e do Magistério da Igreja. Esperamos que esta obra seja um instrumento de estudo e de devoção para todos os que desejam conhecer melhor Maria, Mãe de Cristo e da Igreja.

1

MARIA: MÃE DA IGREJA E MODELO DOS CRISTÃOS

Caio Oliveira Bueno

Introdução

Maria, dentre os vários aspectos de sua vida, que se pode abordar, é sempre lembrada e enaltecida a partir de sua maternidade, de sua imaculada concepção, de sua virgindade e de sua assunção. No presente capítulo, em um primeiro momento, buscaremos compreender a importância de Maria na obra salvífica de Deus e sua participação no Mistério de Cristo e da Igreja. Em um segundo momento, vamos buscar compreender a influência de sua maternidade e seu modelo de discipulado para a vida de cada um de nós.

É preciso perceber qual foi a importância do consentimento de Maria em relação à vocação que Deus a chamou para assumir: ser Mãe de Jesus Cristo, a Mãe do próprio Deus. Ter se colocado à inteira disposição da vontade de Deus, como para cada um de nós, certamente trouxe implicações concretas para a história de toda a humanidade. Desse modo, diante dessas implicações, à luz da liturgia da Igreja, buscaremos entender o sentido de celebrarmos a pessoa de Maria, dentro da celebração do mistério pascal do próprio Cristo.

Em um segundo momento, vamos analisar o que a maternidade eclesial de Maria implica na vida de cada um de nós, cristãos, que a assumimos como mãe. Toda missão tem uma finalidade concreta e é justamente para essa finalidade da maternidade eclesial de Maria que vamos voltar nosso olhar. Por fim, deteremos nossa análise ao conceito de discipulado: Maria sendo a maior e mais perfeita discípula missionária de Cristo, como nos lembrou a Conferência de Aparecida, tem muito a nos ensinar no caminho que seguimos como discípulos.

Portanto, neste capítulo, vamos procurar entender a pessoa de Maria diante da ação da Graça de Deus, sua participação no plano de Salvação e sua presença no Mistério de Cristo e da Igreja, celebrado principalmente em suas festas; e também entender Maria como aquela que traz para a vida de cada um de nós implicações concretas, atitudes e conceitos morais que devem ser vividos por nós, diante do seguimento de Cristo, que assumimos enquanto cristãos católicos.

1. Participação de Maria na história da salvação

A história da Salvação tem sua consumação quando o Pai Eterno, na Plenitude dos Tempos, como bem nos lembra o apóstolo Paulo, em Gl 4,4-5[1], manifesta seu desejo de salvar toda a humanidade; para isso envia seu Filho e Nosso Senhor, Jesus Cristo, para que assim ele seja o Salvador e Redentor universal. A presença e missão de Maria se manifesta justamente nesse tempo da realização do sonho de Deus para a humanidade.

Maria está presente no cumprimento da promessa de Deus, como nos lembra Stefano de Fiores[2], como a mãe que insere o Filho deste mesmo Deus na estirpe humana e na história temporal de nossa existência. E ela realiza essa missão como uma pessoa responsável, como quem, com sua fé e doação intensas, colabora para a realização do plano de Deus, pensado para cada um de nós. Assim Maria se torna colaboradora de Deus para a salvação de seu povo[3].

A partir da Constituição Dogmática *Lumen Gentium*, sobre a Igreja, podemos afirmar que, com o "Faça-se" de Maria ao Arcanjo Gabriel, inicia-se o novo tempo trazido por seu Filho e Nosso Senhor, Jesus Cristo. Seu consentimento, entretanto, não a privou das dúvidas, angústias e incertezas, que são sentimentos humanos comuns a qualquer um de nós. Porém, "Maria recebeu a boa-nova pela boca do anjo e trouxe Deus em seu seio, obedecendo a sua palavra[4]".

> Pela graça aos olhos do Senhor é que Maria, mulher bem-aventurada, expressão que é a tradução corrente de "feliz", foi depositária do Mistério da Encarnação na qualidade de escolhida como Mãe do Encarnado. É essa a qualidade que lhe dá a abertura ao Mistério e gera as consequências de sua existência.[5]

Maria, como nos lembra o texto, foi crescendo na fé, na santidade e assim entrando de forma mais íntima na história da Salvação. "Em toda a história da salvação, Maria está presente com sua cooperação.[6]" No parágrafo 56, do oitavo capítulo da *Lumen Gentium,* Maria de Nazaré é enaltecida a partir desta sua realidade de cooperadora.

> [...] é com razão que os Santos Padres julgam que Deus não se serviu de Maria como de instrumento meramente passivo, mas julgam-na cooperando para a salvação humana com livre fé e obediência. Pois ela, como diz Santo Irineu, "obedecendo, se fez causa de salvação tanto para si como para todo o gênero humano".[7]

O evento da Anunciação do Arcanjo Gabriel a Virgem Maria tem uma grande importância, que deve ser sempre levada em consideração. É no momento da anunciação, como coloca Clodovis Boff,[8] que entendemos que o consentimento de Maria em relação ao projeto de Deus foi uma ação em que ela foi protagonista. "Maria se nos apresenta na propriedade de seu ser sujeito, pessoa humana capaz de autodeterminação, de fazer escolhas responsáveis. Ao prestar seu consentimento ao anjo anunciante, Maria coloca-se, consciente, em uma atitude de serviço de assunção coerente de responsabilidade no plano salvífico[9]." Assim, podemos afirmar com São Justino de Roma que:

> De fato, quando ainda era virgem e incorrupta, Eva, tendo concebido a palavra que a serpente lhe disse, deu à luz a desobediência e a morte. A virgem Maria, porém, concebeu fé e alegria, quando o anjo Gabriel lhe deu a boa notícia de que o Espírito do Senhor viria sobre ela e a força do Altíssimo a cobriria com sua sombra, através do que o santo que dela nasceu seria o Filho de Deus. A isso, ela respondeu: "Faça-se em mim segundo a palavra"[10].

Maria, pela qual veio até nós o autor da Vida, sobrepondo-se a Eva, pela qual nos veio a morte, fez de sua existência um constante associar-se a seu Filho Jesus Cristo, como sua primeira Discípula, seguidora e fiel Missionária. Dessa forma ela viveu intensamente como um broto unido à videira.

> Sem Jesus Cristo, Maria teria sido como um broto cortado da videira, como uma serva sem redentor, como um ventre materno sem fruto, como uma mulher sem a graça de Deus. Tudo o que ele era o devia a ele. Tudo o que havia recebido de Deus foi por meio dele.[11]

Nas Sagradas Escrituras, dentre todos os personagens da Nova Aliança, Maria é quem se apresenta como aquela que permanece com Jesus no decorrer de toda a sua história entre nós. Maria nos é apresentada na encarnação do Verbo, por onde o Redentor entra na história humana; no ministério público de Jesus, o qual tem início por meio de sua intercessão (Jo 2,1-12)[12]; nós a vemos no ápice da ação Redentora de Jesus, ao pé da Cruz recebendo em João (Jo 19,26-27)[13] todos nós como seus filhos e filhas e por nós sendo acalentada; por fim, ainda como a fiel intercessora da Igreja no evento de Pentecostes (At 2,1-12)[14]. Desse modo vemos que Maria está intimamente ligada a seu Filho e por Ele à obra da Redenção.

Maria, a fiel colaboradora de Deus na concretização de seu plano de Salvação e Redenção, é a mulher que insere o eterno no temporal de nossa existência. É destinada a desenvolver um papel especial e particular na história da humanidade, por meio de sua presença sempre viva e atuante entre nós. Stefano De Fiores traz a afirmação de que, "visto que a vicissitude de Cristo se prolonga na história da Igreja, daí se segue que os momentos característicos da presença de Maria nos mistérios evangélicos encontram uma decisiva verificação no decorrer dos séculos cristãos[15]".

É necessário termos consciência clara de que Maria tem sua colaboração na obra da Redenção no plano de criatura. Embora ela seja a mãe de Deus, na ordem da Graça Maria é uma criatura, nossa irmã, filha de Sião,[16] como nos lembra o Concílio Vaticano II. Sua colaboração é subordinada a Cristo, sem a qual isso não poderia ser possível, e secundária em relação a Ele. Desse modo, vemos que Maria colaborou com o próprio Deus no plano da Salvação, com sua obediência à vontade do próprio Deus, colaborou com sua docilidade ao seguir seus desígnios. A colaboração de Maria, portanto, realiza-se em uma comunhão com Cristo.

A colaboração de Maria não deve ser entendida como algo que somente diz respeito a ela, mas sim como uma realidade que interfere diretamente na vida de todos os cristãos. Com sua mediação, a Mãe do Redentor nos une ainda mais a Ele; ela obtém para nós as graças necessárias para nossa Salvação e estas atitudes de Maria nos ensinam que, eclesiológica e antropologicamente, devem ser atitudes também nossas.

A intercessão de Maria nos ajuda a perceber que nossa intercessão e a comunhão entre nós, membros da Igreja, têm uma grande força e ainda nos mostram a força salvífica de nossas orações, nossos sofrimentos, nossas ações e nossa fé quando unidas a Cristo. A colaboração de Maria, como nos diz Del Gaudio[17], interpela-nos a também interceder por nossos irmãos, para que eles possam ter vida eterna, com a oração, com nosso exemplo e com nossas atitudes enquanto cristãos.

1.1. Do Plano da Salvação ao Mistério de Cristo e da Igreja

Em toda a liturgia da Igreja, celebramos a "atuação da salvação realizada por Cristo, convite pascal e ceia do Senhor, proposta de uma nova aliança, prenúncio do reino definitivo de Deus, fonte e sinal de unidade da Igreja"[18]. Na Eucaristia celebramos o memorial da morte e ressurreição de Nosso Redentor, Jesus Cristo. Desse modo, o ponto central de todo o Mistério Eucarístico é o próprio Mistério Pascal de Jesus Cristo, pelo qual se realizou nossa redenção e salvação e firmou-se a nova e eterna aliança de Deus com a humanidade.

Sendo assim, quando, nessa mesma celebração, fazemos memória da vida de Maria, não pretendemos celebrar sua própria pessoa, ou suas realizações; celebramos, com efeito, a eficácia Redentora de Cristo, celebramos o concreto da ação pascal na vida de Maria, que, por meio da redenção preventiva e da Graça de Deus, se fez a primeira partícipe desse mistério.

A celebração Eucarística é o momento mais importante e a maior expressão de nossa fé, em que nos colocamos em relação a Cristo, por meio de seu Mistério Pascal, que perpassa toda a existência humana. Maria, nesse sentido, caminha conosco e nos guia na participação deste mistério, "porque de maneira antecipada viveu as atitudes que a comunidade dos fiéis deve se empenhar por colocar em realização na liturgia[19]".

Ao ser celebrada em quase todo o decorrer do ano litúrgico, Maria recebe em suas solenidades, festas e memórias um reconhecimento pela plena ação da Graça de Deus em sua vida. Nas celebrações marianas, nós nos atemos aos aspectos que nos levam a perceber a relação de Maria na participação no mistério de Cristo, mistério este que ela participa de forma secundária sendo uma "mediação por Cristo, com Cristo (mas não em plena simetria) e em Cristo. Nunca, porém, sem Cristo ou no lugar de Cristo"[20], ou sem a Igreja, da qual ela é a própria Mãe e Modelo de seguimento.

Na História da Salvação, Maria se localiza no início da concretização deste plano amoroso de Deus. Quando celebramos e louvamos a Deus, por sua encarnação entre nós e pela Redenção realizada em nosso favor, nós, como Igreja de Cristo, louvamos também a Deus pelas maravilhas que sua graça operou na vida de Maria e sua atitude, seu consentimento de colaborar no plano da Salvação.

Diz-nos Corrado Maggioni que:

> celebrar o Deus feito homem por nós, homens, e para nossa salvação implica naturalmente a pessoa de Maria [...]. Em sua dignidade de Theotokos, Maria é aquela que, acolhendo Deus historicamente em seu ventre, concebeu-o e o deu à luz para a duração na história inteira, participando assim de sua transfiguração em história da salvação, realidade que se dá principalmente mediante a ação litúrgica. Não somente o culto a Maria é um culto introdutório ("Vamos a Maria para chegar a Jesus"), mas ele é parte integrante da celebração eclesial no mistério de Cristo. Por outro lado, podemos dizer que celebrar a Virgem Maria significa para a Igreja celebrar os mistérios do Senhor[21].

O vínculo que une Maria a Cristo deve ser o primeiro e fundamental critério com que se deve exprimir a veneração eclesial a Maria ao se celebrar uma liturgia em sua memória ou em seu louvor. "A assembleia litúrgica experimenta que na própria oração revive a oração de Maria, e imita sua atitude interior. Com e como Maria, a Igreja crê, espera, ama, celebra, vive o mistério de Cristo, rumo à plena participação do Reino dos céus[22]."

As celebrações marianas se dão durante o tempo litúrgico da seguinte maneira: três solenidades (1 de janeiro, 15 de agosto e 8 de dezembro); duas festas (8 de setembro e 31 de maio); quatro memórias obrigatórias (21 de novembro, 15 de setembro, 22 de agosto e 7 de outubro); e quatro memórias facultativas (Coração de Maria, 16 de julho, 5 de agosto e 11 de fevereiro).

> No ciclo anual da celebração dos mistérios de Cristo, a santa Igreja venera com especial amor, e porque unida indissoluvelmente à obra da salvação do seu Filho, a bem-aventurada virgem Maria, Mãe de Deus, em quem vê e exalta o mais excelso fruto da redenção, e em quem contempla, com em puríssima imagem, tudo o que ela deseja e espera com alegria ser[23].

A memória que fazemos de Maria está intimamente ligada a todo o memorial dos Mistérios de Cristo e celebrados em virtude dos Mistérios da Igreja.

> Em virtude da presença viva de Maria nos mistérios históricos da vida de Cristo, ela é reconhecida presente também na atuação litúrgica daqueles mesmos mistérios, que a viram como protagonista e sócia, perenemente celebrados a fim de que os fiéis vivam em-com-por Cristo, a fim de que o corpo eclesial seja edificado conforme a própria vocação-missão[24].

Em Maria, assim como na vida dos santos e em nossas vidas, celebramos esses Mistérios de Cristo. "Cada vez que se encontra Cristo, necessariamente se encontra, a seu lado e em humilde serviço a sua obra de salvação, Maria, sua mãe. Assim, também a veneração da Virgem Maria tem como fim a glória de Deus."[25]

A vida e a missão de Maria em toda a História da Salvação e Redenção se fazem presentes na riqueza das celebrações litúrgicas, que são a ela dedicadas durante o ano. Na liturgia, memorial atualizante da obra de Cristo, dá-se origem e alimenta-se o mistério de comunhão entre Cristo e a Igreja, e neste mistério está de modo especial a presença de Maria. Assim, ela nos ajuda a viver e a alcançar o mistério de Cristo, enquanto Igreja que somos.

2. Maria, Mãe da Igreja

Maria foi de forma oficial proclamada Mãe da Igreja pelo Papa Paulo VI, no encerramento da terceira sessão do Concílio Ecumênico Vaticano II. Todavia, recordava-nos o Papa que Maria já era invocada como Mãe pelos cristãos, mas era seu desejo que assim ela fosse também invocada oficialmente. Justificando a proclamação de Maria com o título acima mencionado, diz o Papa Paulo VI:

> Efetivamente, assim como a maternidade divina é o fundamento da especial relação de Maria com Cristo e da sua presença na economia da salvação operada por Jesus Cristo, assim também constitui essa maternidade o fundamento principal das relações de Maria com a Igreja, sendo Ela Mãe d'Aquele que, desde o primeiro instante da Sua Encarnação no seu seio virginal, uniu a si, como Cabeça, o seu Corpo místico, que é a Igreja. Maria, pois como Mãe de Cristo, também é Mãe dos fiéis e dos pastores todos, isto é, da Igreja[26].

Na ordem da Graça, Maria se torna nossa Mãe, por vontade de seu Filho e Nosso Senhor, Jesus Cristo. Sendo preventivamente redimida, a Virgem Maria nos precede no Reino definitivo de Deus. Como nossa Mãe e fiel Discípula, a Virgem Maria se torna para nós protótipo, figura e imagem da Igreja. A Virgem Maria é, de fato, aquilo que somos chamados a ser. Imitando, seguindo o mesmo caminho que ela seguiu, o caminho do discipulado, nós somos convocados a sermos fiéis discípulos e missionários de Jesus Cristo, fazendo com que o Reino de Deus aconteça entre nós.

No formulário da Missa da Bem-aventurada Virgem Maria, Mãe da Igreja (B), Maria é recordada na oração da coleta como aquela que nos foi dada por Mãe por Jesus Cristo, pregado na Cruz. O prefácio desse mesmo formulário nos apresenta Maria como aquela que "recebendo aos pés da Cruz o testamento da caridade divina, ela assumiu todos os seres humanos como filhos e filhas, gerados para a vida eterna, pela morte de Cristo[27]". Desse modo percebemos que "Maria desempenha a missão materna na Igreja e pela Igreja"[28].

Ao pé da cruz, Maria, na figura do discípulo amado, acolhe toda a Igreja como sendo sua mãe:

> Como para João aos pés da cruz, a todo cristão Maria é confiada por Mãe. E todo cristão, como discípulo amado por Jesus crucificado e ressuscitado, é convidado a aco-

> lher Maria como mãe na sua própria vida, a imitá-la nas suas virtudes evangélicas e a entrar em um diálogo permanente e renascente com ela. A Mãe, revelada e doada por Cristo, guiará os seus filhos ao amor autêntico e concreto pela Igreja, intercederá por eles com a sua oração junto do Filho e os assistirá ao longo do caminho para que possam chegar à pátria bem-aventurada[29].

"A Mãe do Salvador é certamente mãe de seus membros[30]." Justamente aos pés da cruz, a comunidade, os membros do corpo de Cristo, são chamados a acolher Maria como mãe. O discípulo amado representa toda esta comunidade cristã que é chamada a acolher Maria e fazê-la participante de sua história. Jesus não diz qual é o papel que Maria deve exercer no seio da comunidade cristã, mas como nos lembra Afonso Murad, a missão de Maria como mãe da Igreja deve ser a mesma missão que ela exerceu em Caná.

> A mãe Maria poderá, como em Caná, intervir junto do Filho. Levará os seguidores e amigos de Jesus a fazer o que Ele disser. Possibilitará que novas gerações de cristãos, como os primeiros discípulos, creiam em Jesus, vejam sua glória e se reúnam em torno dele[31].

Portanto, Maria, como nossa maternal companheira deve ser uma pedagoga para cada um de nós. Ela deve nos conduzir em um caminho seguro rumo ao seu Filho, um caminho como aquele que ela mesma trilhou.

> A maternidade espiritual de Maria é mais profunda do que à primeira vista poderia parecer. Maria não tem com seus filhos uma relação meramente extrínseca. Ela não é simplesmente nossa Mãe adotiva porque Cristo no-la teria legado juridicamente, no Calvário, como suprema e consoladora herança. Maria é verdadeira Mãe na ordem ontológica sobrenatural, porque é verdadeira causa de nossa vida sobrenatural [...]. Por conseguinte, ao ser concebido Cristo no seio virginal de Maria, nele e com ele eram juntamente concebidos todos os homens; ao ser concebido a Cabeça, era, ao mesmo tempo e pelo mesmo fato, concebidos os membros. Portanto, a Maternidade de Maria se estende a todos os homens[32].

Como já mencionado, é na ordem da Graça, no plano de Salvação de Deus que Maria torna-se a Mãe da Igreja, isto é, Mãe de toda a humanidade. Na ordem da Graça, ela nos educa na fé e nos auxilia na caminhada enquanto cristãos; sua maternidade é que nos dá a possibilidade de que ela seja o mais perfeito modelo para assumirmos em nossa vida. Sendo nossa Mãe, Maria nos precede na concretização do plano de Deus.

> Maria está presente na Igreja como Mãe de Cristo e, ao mesmo tempo, como a Mãe que o próprio Cristo, no mistério da Redenção, deu ao homem na pessoa do Apóstolo São João. Por isso, Maria abraça, com a sua nova maternidade no Espírito, todos e cada um na Igreja; e abraça também todos e cada um mediante a Igreja. Neste sentido, Maria, Mãe da Igreja, é também modelo da Igreja[33].

Desse modo, é preciso que tenhamos consciência de que a maternidade de Maria nos convoca a vivermos inseridos na realidade do Reino de Deus. Por termos Maria como nossa mãe, não estamos isentos das dificuldades e dos perigos, como se ela fosse uma mãe superprotetora, mas ela caminha conosco e nos ajuda a superarmos as dificuldades de nossas vidas; sua Maternidade não nos dá privilégios perante as demais religiões e povos, mas sim nos convoca a aprendermos com ela o que ela viveu, para que sejamos bons continuadores de Cristo. Maria é nossa Mãe, porém é preciso que ela seja nossa educadora.

2.1. Maria, modelo dos cristãos

No capítulo VIII da Constituição Apostólica *Lumen Gentium* sobre a Igreja, vemos que a pessoa de Maria, à luz do Evangelho, da tradição e da reflexão, recebe sua devida evidência, visto seu papel como colaboradora na obra da Redenção, na qual ela cooperou de modo singular[34]. Seu papel na obra da salvação se dá em sua resposta ao plano de Salvação de Deus, diante de seu "Faça-se", a salvação se torna fato para todos e cada um de nós. Como nos diz Karl Rahner, e também nós o podemos afirmar, é nesse sentido que Maria é na história da salvação como o ponto sobre o qual cai a própria salvação de Deus, para estender-se a toda a humanidade[35].

Especificamente na seção III, o parágrafo 63 da *Lumen Gentium* nos diz que a Virgem Maria, por sua Maternidade Divina, a qual não se deu por seus méritos, mas pela Graça de Deus, e em virtude de Jesus Cristo, está intimamente ligada à Igreja. Pela Redenção preventiva, Maria se une, em Cristo, aos redimidos, visto que, na ordem de nossa natureza, Maria é nossa irmã, filha de Adão[36], aquela que faz seu processo de discernimento e compreensão diante da caminhada, aquela que busca fazer a vontade de seu Deus, que vai crescendo na fé. Como nossa irmã, a Virgem Maria fez sua peregrinação e fortaleceu sua fé. Assim, tornou-se a mais perfeita discípula e missionária do Reino de Deus[37].

Como uma fiel seguidora que faz seu itinerário espiritual nesta terra, Maria é para nós modelo de seguimento a Jesus Cristo e, ainda mais, podemos ousar em dizer que Maria, em sua condição de fidelidade ao seguimento de Cristo, torna-se para cada um de nós modelo do que é ser cristão. Ousamos dizer que Maria foi a mais perfeita cristã que houve. Isso já nos dizia Karl Rahner, ao nos recordar que "Maria é a realização concreta do cristianismo perfeito[38]".

De Maria aprendemos a caminhar na fé. Mesmo diante dos questionamentos, das faltas de compreensão, ela nos ensina a crer em Deus e nele esperar com toda a fé. Feliz aquela que acreditou, e essa felicidade que Maria viveu de modo singular e pleno nos deu a possibilidade de vivermos a mesma alegria, pois, como nos diz São Justino de Roma[39], e posteriormente de forma mais elaborada Santo Irineu de Lião, "o nó da desobediência de Eva foi desatado pela obediência de Maria, e o que Eva amarrara por sua incredulidade Maria soltou por sua fé"[40].

Nossa esperança na vida eterna consiste no fato de que Maria pertence completamente a nossa condição humana, e ela, assim como nós, deve receber a misericórdia de Deus, deve ser alcançada pela Redenção de Jesus Cristo; assim ela representa perfeitamente o que nós mesmos devemos ser diante Cristo e nos precede no Reino onde também nos é preparada uma morada. Karl Rahner afirma que "o que Maria possui, em última instância, deve ser também nosso[41]".

O Concílio Vaticano II afirma que Maria é a imagem escatológica de cada um de nós, ela é aquela que nos precede e nos revela, sendo glorificada no céu, como toda a Igreja, Corpo de Cristo, deverá ser glorificada quando todos estiverem no convívio de Deus, contemplando sua face. Desse modo, Maria é esperança em nossa caminhada rumo ao céu. Sendo Maria nossa esperança, ela é nosso modelo e a imagem da Igreja.

"Maria é figura, protótipo de nossa vida cristã. Ela não é só sinal, como os sinais do Antigo Testamento prefigurando a Nova Aliança, mas, como criatura, realiza de forma perfeita a vida cristã[42]." Maria é, de fato, a figura e o modelo para toda a comunidade eclesial, que segue seu caminho e avança na peregrinação da fé.

A fé de Maria a levou a dar seu sim, a dizer seu "faça-se" a Deus; por seu consentimento o próprio Deus se fez um de nós. Por sua atitude de fidelidade a Deus, aprendemos também o caminho que devemos trilhar para chegarmos a esta fidelidade que Maria alcançou. "Maria é a representação mais perfeita do ser cristão, pois o que ela concebeu no sim de sua fé e na corporalidade de sua maternidade divina é a salvação de todos: Jesus Cristo, nosso Senhor[43]."

Santo Irineu de Lião[44] nos diz que, no anúncio, Maria cantou o Magnificat de forma profética em nome de toda a Igreja. Em nome da Igreja, ela acolheu o próprio Deus em seu seio. Maria é a primícia da Redenção realizada por seu próprio Filho Jesus Cristo. Desse modo, vemos que a garantia que a humanidade tem de que será salva é Maria. Ciente estejamos que ela não é deusa, e humana, mas uma humana plena e desta forma, em tudo próxima a nós, próxima aos demais seres humanos.

O Documento de Aparecida voltou seus olhos para contemplar Maria como discípula e missionária, como aquela que sai em missão: "Maria, Mãe da Igreja, além de modelo e paradigma da humanidade, é artífice de comunhão. [...] Maria é a grande missionária, continuadora da missão de seu Filho e formadora de missionários[45]". Assim, aprendemos de Maria a assumir nosso compromisso de discípulos e missionários. Sendo Maria seguidora de Cristo, como sua mãe e nossa mãe por vontade de seu próprio Filho, ela é para nós a mestra que nos ensina a estar em sintonia com o projeto Trinitário, assim como ela mesmo o viveu em sua vida[46].

Indo apressadamente à casa de Isabel, Maria de Nazaré nos dá o exemplo para vivermos como uma Igreja em estado de missão. Sair de nossa terra, de nosso comodismo, de nosso próprio eu e ir ao encontro daqueles que precisam é a atitude que Maria teve, é uma atitude que ela nos ensina e, nos dias de hoje, é também uma atitude fundamental dela, que o Papa Francisco busca resgatar, pois o cristão deve se espelhar também no jeito mariano de agir.

A Congregação do Santíssimo Redentor, seguindo os passos de seu fundador, Santo Afonso Maria de Ligório, e iluminada pelo Concílio Vaticano II, exorta seus congregados para que:

> tomem a Bem-aventurada Virgem como modelo e ajuda, Ela que, caminhando na fé e abraçando de todo o coração a vontade salvífica de Deus, como serva do Senhor, dedicou-se totalmente à pessoa e à obra de seu Filho, serviu e continua a servir ao mistério da redenção, socorrendo perpetuamente o povo de Deus em Cristo[47].

Desse modo, percebemos que Maria, sendo preservada do pecado como a Imaculada e sendo assumida em sua totalidade no seio da Trindade, dá-nos esperança enquanto Igreja e enquanto indivíduos, pois nela encontramos a certeza de que um dia também viveremos em comunhão com a Trindade. Sendo Maria aquela que nos precedeu, é nosso modelo, nosso protótipo e é a imagem daquilo que somos chamados a ser. E sendo Maria uma fiel discípula missionária, como nosso exemplo, ela nos convida a assumirmos também nossa vocação de discípulos e missionários de Cristo.

> Maria é a primícia e ao mesmo tempo o ícone perfeito da comunidade dos redimidos; esse nexo tipológico e vital aplica-se à Igreja, considerada tanto no seu conjunto como em cada um de seus membros, pois em Maria refulge a condição do perfeito discípulo de Cristo, que todo cristão é chamado a reproduzir na própria vida[48].

Maria, além de nossa mãe, além de ser aquela que intercede por cada um de nós, junto ao seu Filho e Nosso Senhor Jesus Cristo, e de ser aquela que é modelo de virtude para quem se coloca em um itinerário de vida cristã, é nosso principal protótipo e exemplo de vivência dos valores do Evangelho, de seguimento e de concretização do Reino de Deus.

Conclusão

No presente capítulo, pudemos perceber que o consentimento de Maria em relação ao projeto salvífico de Deus não foi uma atitude de submissão ou passividade. Maria, ao aceitar ser a Mãe de Jesus Cristo, insere-se na História da Salvação como aquela que acreditou fielmente na Promessa e foi o meio pelo qual o próprio Deus assumiu nossa natureza humana e entrou no tempo e na história.

A História da Salvação se atualiza por meio da liturgia da Igreja. Em cada Eucaristia, celebramos e vivemos de modo intenso o Mistério Pascal de Cristo. Ao celebrarmos as festas de Maria, não fazemos para engrandecer sua pessoa e sua vida, mas sim para louvar a Deus, que a fez participante primeira de sua ação redentora, sendo redimida preventivamente. Como já disse anteriormente, retornamos a afirmar que a memória que fazemos de Maria está intimamente ligada a todo o memorial dos mistérios de Cristo e celebrados em virtude dos mistérios da Igreja.

Maria, como esta mulher participante ativa no plano da Salvação e no Mistério de Cristo e da

Igreja, celebrado por nós em cada Eucaristia, não está longe de nossa vida e de toda a nossa história, mas caminha a nosso lado como Mãe e como modelo no seguimento de Cristo. Desse modo, Maria contribui eficazmente para nossa formação e vivência cristã.

Os diferentes aspectos da vida de Maria devem nos levar a uma práxis, a uma vivência ética e moral, a partir dos conceitos extraídos de sua vida. A maternidade eclesial de Maria é uma realidade na ordem da Graça, que nos alcança na ordem ontológica. Cristo, no ápice da concretização da nossa Redenção, sua morte de cruz, oferece-nos Maria como mãe. A mãe da Cabeça se torna a mãe de todos os membros do Corpo do próprio Cristo. A missão de Maria como nossa Mãe deve ser a mesma missão que ela realizou em Caná, levar os seguidores e amigos de Jesus a fazer o que Ele disser. Portanto, Maria como Mãe deve ser assumida por cada um de nós também como uma pedagoga que nos instrui no caminho de seu Filho e Nosso Senhor Jesus Cristo.

Sendo Maria a mais perfeita e fiel discípula de Jesus Cristo, ela nos guia no caminho do discipulado. Maria viveu sua fé, e nesse caminhar foi progredindo durante toda a sua vida, fez seu itinerário espiritual nesta terra e é para nós modelo de seguimento a

Jesus Cristo; é para cada um de nós modelo do que é ser cristão, nosso protótipo, e é a imagem daquilo que somos chamados a ser. Maria foi a mais perfeita Cristã que existiu. E sendo Maria uma fiel discípula missionária, como nosso exemplo, ela nos convida a assumirmos nossa vocação de discípulos e missionários de Cristo.

Caio Oliveira Bueno
Religioso da Congregação do Santíssimo Redentor, bacharel em Filosofia pela PUC Campinas, bacharel em Teologia pelo ITESP, pós-graduado em Mariologia pela Academia Marial e Faculdade Dehoniana e associado da Academia Marial de Aparecida.

NOTAS

[1] BÍBLIA DE JERUSALÉM, 2002. p. 2035.
[2] DE FIORES, Stefano. *Eis aí tua Mãe*: um mês com Maria. São Paulo: Editora Ave-Maria, 2009. p. 25.
[3] CONSTITUIÇÃO DOGMÁTICA LUMEN GENTIUM. Documentos do Concílio Ecumênico Vaticano II. Paulus: São Paulo, 1997. §55
[4] LIÃO, Irineu de. *Contra as heresias*: Denúncia e refutação de falsa gnose. São Paulo: Paulus, 1995. p. 569.
[5] NEGRO, Mauro. *José e Maria*: interfaces do Mistério. Editora Santuário: Aparecida, 2021. p. 21.
[6] BOFF, Lina. *A Figura da Virgem Maria*: nas Conferências Gerais do Episcopado da América Latina e Caribe. Editora Santuário: Aparecida, 2022. p. 27.
[7] CONSTITUIÇÃO DOGMÁTICA LUMEN GENTIUM. Documentos do Concílio Ecumênico Vaticano II. Paulus: São Paulo, 1997. §56.
[8] BOFF, Clodovis. *Mariologia*: iniciação à Teologia. Editora Vozes: Petrópolis, 2019. p. 99.
[9] DEL GAUDIO, Daniela. *Maria de Nazaré*: breve tratado de Mariologia. São Paulo: Paulus, 2016. p. 107.
[10] ROMA, de Justino. *I e II Apologias*: Diálogo com Trifão. São Paulo: Paulus, 1995. p. 265.
[11] PAREDES, José Cristo Rey García. *Mariologia*: síntese bíblica, histórica e sistemática. São Paulo: Editora Ave-Maria, 2011. p. 380.
[12] BÍBLIA DE JERUSALÉM.2002. p. 1846.
[13] *Ibidem*. p. 1891.
[14] *Ibidem*. p. 1902-1903.
[15] DE FIORES, Stefano. *Eis aí tua Mãe*: um mês com Maria. São Paulo: Editora Ave-Maria, 2009. p. 26.
[16] CONSTITUIÇÃO DOGMÁTICA LUMEN GENTIUM. Documentos do Concílio Ecumênico Vaticano II. Paulus: São Paulo, 1997. §55.
[17] DEL GAUDIO, Daniela. *Maria de Nazaré*: breve tratado de Mariologia. São Paulo: Paulus, 2016. p. 110.

[18] DE FIORES, Stefano. *Eis aí tua Mãe*: um mês com Maria. São Paulo: Editora Ave-Maria, 2009. p. 94-95.
[19] *Ibidem*. p. 99.
[20] C. BOFF, *Mariologia:* iniciação à teologia, Vozes, Petrópolis 2019, 107.
[21] MAGGIONI, Corrado. *Maria na Igreja em oração*: solenidades, festas e memórias marianas no ano litúrgico. São Paulo: Paulus, 1998. p. 17-18.
[22] *Ibidem*. p. 18.
[23] CONSTITUIÇÃO DOGMÁTICA SACROSANCTUM CONCILIUM. Documentos do Concílio Ecumênico Vaticano II. Paulus: São Paulo, 1997. §103.
[24] MAGGIONI, Corrado. *Maria na Igreja em oração*: solenidades, festas e memórias marianas no ano litúrgico. São Paulo: Paulus, 1998. p. 19.
[25] BUGNINI, Annibale. *A reforma litúrgica (1948-1975)*. Trad. Paulo F. Valério. Paulinas: Paulus: Edições Loyola: São Paulo, 2018. p. 715.
[26] PAPA PAULO VI. Discurso de conclusão da terceira sessão do Concílio Ecumênico Vaticano II, em 21 de novembro de 1964.
[27] MISSAL Romano. Missa da Bem-aventurada Virgem Maria, Mãe da Igreja.
[28] DELGADO. José Luiz Majella, *Maria Mãe da Igreja*. Revista de Aparecida, Aparecida, v. 3. n. 32. p. 11. 2004.
[29] DE FIORES, Stefano. *Eis aí tua Mãe*: um mês com Maria. São Paulo: Editora Ave-Maria, 2009. p. 73.
[30] PAPA PAULO VI. Carta Encíclica *Christi Matri Rosarii*, 15 de setembro de 1966.
[31] MURAD, Irmão Afonso. *Maria, Toda de Deus e tão Humana*. São Paulo/ Valência: Paulinas/Siquem, 2004. p. 99.
[32] TERRA, João Evangelista Martins. *A presença de Maria no Evangelho de S. João*: Maria, Mãe da Igreja. Revista de Liturgia, São Paulo. v. 3. n. 15. p. 1-14. 1976.
[33] JOÃO PAULO II, Papa. Carta Enciclica *Redemptoris Mater* (Sobre a Bem-aventurada Virgem Maria na vida da Igreja que está a caminho). São Paulo: Loyola, 1987.
[34] CONSTITUIÇÃO DOGMÁTICA LUMEN GENTIUM. Documentos do Concílio Ecumênico Vaticano II. Paulus: São Paulo, 1997. §61.
[35] RAHNER, Karl. *María, Madre del Señor*. Barcelona: Herder Editorial, 2012. N.p. Tradução própria (Ebook).

[36] CONSTITUIÇÃO DOGMÁTICA LUMEN GENTIUM. Documentos do Concílio Ecumênico Vaticano II. Paulus: São Paulo, 1997. §52.
[37] *Ibidem*. §58.
[38] RAHNER, Karl. *María, Madre del Señor*. Barcelona: Herder Editorial, 2012. N.p. Tradução própria (Ebook).
[39] ROMA, de Justino. *I e II Apologias*: Diálogo com Trifão. São Paulo: Paulus, 1995. p. 265.
[40] LIÃO, Irineu de. *Contra as heresias*: denúncia e refutação de falsa gnose. São Paulo: Paulus, 1995. p. 352.
[41] RAHNER, Karl. *María, Madre del Señor*. Barcelona: Herder Editorial, 2012. N.p. Tradução própria (Ebook).
[42] MENDONÇA, Luiz Cláudio Azevedo de. *A maternidade eclesial de Maria*: A perspectiva teológica da Encíclica *Redemptoris Mater*, de João Paulo II. Aparecida: Editora Santuário, 2021. p. 15.
[43] *Ibidem*. p. 46.
[44] LIÃO, Irineu de. *Contra as heresias*: denúncia e refutação de falsa gnose. São Paulo: Paulus, 1995. p. 272.
[45] DOCUMENTO DE APARECIDA, Texto conclusivo da V Conferência do Episcopado latino-americano e do Caribe. São Paulo: CNBB, Paulus, Paulinas, 2007. §268-269.
[46] BOFF, Lina. *A figura da Virgem Maria*: nas conferências gerais do episcopado da América Latina e Caribe. Aparecida: Editora Santuário, 2022. p. 127.
[47] CONSTITUIÇÕES E ESTATUTOS DA CONGREGAÇÃO DO SANTÍSSIMO REDENTOR. Aparecida: Editora santuário,2004. n. 32. p. 24.
[48] MAGGIONI, Corrado. *Maria na Igreja em oração*: solenidades, festas e memórias marianas no ano litúrgico. São Paulo: Paulus, 1998. p. 18.

Bibliografia

BÍBLIA DE JERUSALÉM. São Paulo: Paulus, 2002.

BOFF, Clodovis. *Mariologia Social:* O significado da Virgem para a sociedade. São Paulo: Paulus, 2006.

BOFF, Lina. *Mariologia*: interpretações para a vida e para a fé. Petrópolis, RJ: Vozes, 2007.

BUGNINI, Annibale. *A Reforma Litúrgica* (1948-1975). Trad. Paulo F. Valério. Paulinas: Paulus: Edições Loyola: São Paulo, 2018.

CONCÍLIO VATICANO II. *Lumen Gentium*. In *Compêndio do Vaticano II*. Petrópolis, RJ: Vozes, 29ª ed. 2000.

CONSTITUIÇÕES E ESTATUTOS DA CONGREGAÇÃO DO SANTÍSSIMO REDENTOR. Aparecida: Editora santuário, 2004.

CONGREGAÇÃO PARA O CULTO DIVINO. Missal Romano. São Paulo: Paulus, 1992.

COYLE, Kathleen. *Maria tão plena de Deus e tão nossa*. São Paulo: Paulus, 2012.

DE FIORES, Stefano. *Eis aí tua mãe:* um mês com Maria. São Paulo: Editora Ave-Maria, 2009.

DEL GAUDIO, Daniela. *Maria de Nazaré*: Breve tratado de Mariologia. São Paulo: Paulus, 2016.

DICIONÁRIO DE MARIOLOGIA, dirigido por Stefano De Fiores e Salvatore Meo. São Paulo: Paulus, 1995.

DOCUMENTO DE APARECIDA, Texto conclusivo da V Conferência do Episcopado latino-americano e do Caribe. São Paulo: CNBB, Paulus, Paulinas, 2007.

GUIMARÃES, Valdivino. *Maria na Liturgia e na Piedade Po*pular. São Paulo: Paulus, 2017.

JOÃO PAULO II, Papa. Carta Encíclica *Redemptoris Mater* (Sobre a Bem-aventurada Virgem Maria na vida da Igreja que está a caminho). São Paulo: Loyola, 1987.

LIÃO, Irineu de. *Contra as heresias*: denúncia e refutação de falsa gnose. São Paulo: Paulus, 1995.

MAGGIONI, Corrado. *Maria na Igreja em oração*: solenidades, festas e memórias marianas no ano litúrgico. São Paulo: Paulus, 1998.

MENDONÇA, Luiz Cláudio Azevedo de. *A maternidade eclesial de Maria*: A perspectiva teológica da Encíclica *Redemptoris Mater* de João Paulo II. Aparecida: Editora Santuário, 2021.

MISSAL Romano, 3a ed. Brasília: Edições CNBB, 2023.

MISSAS de Nossa Senhora. Brasília, Edições CNBB. 2016.

MURAD, Irmão Afonso. *Maria, toda de Deus e tão humana*. São Paulo/ Valencia: Paulinas/Siquem, 2004.

NEGRO, Mauro. *José e Maria*: interfaces do Mistério. Editora Santuário: Aparecida, 2021.

PAREDES, José Cristo Rey García. *Mariologia:* síntese bíblica, histórica e sistemática. São Paulo: Editora Ave-Maria, 2011.

PAULO VI, Papa. *Marialis Cultus*. Exortação Apostólica para a reta ordenação e desenvolvimento do culto à Bem-aventurada Virgem Maria, 1974.

RAHNER, Karl. *María, Madre del Señor*. Barcelona: Herder Editorial, 2012 (Ebook).

ROMA, de Justino. *I e II Apologias*: Diálogo com Trifão. São Paulo: Paulus, 1995.

2

NA MATERNIDADE EM QUE NASCE CRISTO, NASCE TAMBÉM A IGREJA "*VIRGO ECCLESIA FACTA*" (VIRGEM FEITA IGREJA)

Paulo Roberto Santos Santana

Introdução

Este capítulo tem por objetivo refletir sobre a dinâmica relacional entre a Maternidade Divina e a Maternidade Humana de Maria. Queremos enfatizar que da mesma maternidade, por vontade do Pai, na Encarnação do Verbo e no Sacrifício da Cruz, nasce também a Igreja, Corpo Místico de Cristo. Essa íntima relação entre a Maternidade Divina e a Maternidade Humana de Maria não se limita meramente ao aspecto biológico, e sim ressalta a figura de Maria e seu papel preponderante na cooperação do mistério da Redenção. Ainda, essa íntima relação não se limita à redenção, a qual foi confiada a jovem de Nazaré e confirmada por sua obediência ao abraçar o encargo: "Eis aqui a serva do Senhor. Faça-se em mim segundo tua palavra" (Lc 1,38).

Tornando-se a Mãe do Filho de Deus, consequentemente se torna mãe da humanidade, fazendo jus ao que lhe foi confiado no Calvário, pelo próprio Verbo, "Mulher, este é teu filho. Depois disse ao discípulo: "Esta é tua mãe" (Jo 19,25-27).

Por meio destas linhas, procuramos responder à determinante questão quanto à Maternidade de Maria, que não se limita à condição exclusivamente biológica, mas sim, segundo a narrativa de São João (Jo 19,25-27), da vontade de Deus como entrega, afirmando assim que a Igreja nasce da entrega aos pés da Cruz do Senhor, sobre os cuidados da Mãe do Redentor, e que por essa condição ela se torna Mãe da Igreja, Mãe Universal. É nesse movimento que a Maternidade Divina se une à Maternidade Humana, e, ao mesmo tempo que Maria é membro do Corpo Místico de Cristo, ela é também Mãe, por isso ocupa um lugar por excelência, na história da salvação.

A relevância desse capítulo está em explicitar que há uma inclusão recíproca, uma íntima relação entre a Anunciação e o Calvário, de onde a Igreja dá seus primeiros passos, e afirmar que, da dupla natureza maternal de Maria, nasce o Corpo Místico de Cristo.

Por isso, ao delimitar o tema deste capítulo, queremos correlacionar e explicitar o papel relevante de

Maria para a Igreja e seus primeiros passos. Nesse sentido, espera-se que tenhamos a possibilidade de melhor compreender os sinais acerca da Maternidade que gera Cristo e sua Igreja.

1. A maternidade humana e divina de Maria

A função e tarefa de Maria é ser mãe do Salvador feito Homem, e como mãe, manifestar ao mundo o modo do discipulado no seguimento de Cristo, na obediência ao que lhe foi confiado pelo Pai, de ser a escolhida, entre todas as mulheres da terra, para ser a Mãe do Salvador feito Homem, encarnado na vida e na história da humanidade, como nos está assegurado e firmado na *Lumen Gentium* 56: "Quis, porém, o Pai das misericórdias que a encarnação fosse precedida da aceitação por parte da Mãe predestinada, a fim de que, assim como uma mulher tinha contribuído para a morte, também uma mulher contribuísse para a vida"[1].

Comecemos então pelo "princípio", pelo qual se fundamenta o estudo e a reflexão de toda a argumentação teológica sobre a pessoa e a função maternal de Maria, que são os fundamentos bíblicos.

1.1. Concepção bíblica

A narrativa bíblica, da qual podemos nos pautar sobre a questão bíblica teológica da dupla natureza maternal de Maria, expressa-se essencialmente nos evangelhos, sobretudo, na narrativa lucana, mas também se expressa nas narrativas mateana e paulina.

Embora tenhamos vinte perícopes neotestamentárias que se referem a Maria, não trataremos específica e particularmente de cada uma, mas sobretudo das referências específicas do tema em questão na narrativa joanina e lucana, em uma argumentação e apresentação mais sintética.

Em Maria e sob os desígnios de Deus, o que caracteriza a maternidade é a fecundidade, que é maior que a maternidade. Teologicamente, a fecundidade é um mistério de amor que implica em uma abertura e acolhimento para a maternidade. Portanto, o princípio fundamental da atual argumentação martirológica está, nas reflexões do Concílio de Éfeso e em particular do Concílio Vaticano II, na Maternidade Divina, em que é intitulada "Mãe de Deus". Tais afirmações, são intrinsecamente de cunho cristológico, em que a referência textual bíblica mais importante se pauta na narrativa da Carta aos Gálatas: "Quando, porém, chegou a plenitude do tempo, enviou Deus seu Filho, nascido de mulher, nascido sob a Lei, para resgatar os que estavam sob a Lei, a fim de que recebêssemos a adoção filial" (Gl 4,4-5), e no Evangelho da infância segundo Lucas: "O Anjo lhe respondeu: 'O Espírito Santo virá sobre ti e o poder do Altíssimo vai te cobrir com a sua sombra: por isso o Santo que nascer será chamado Filho de Deus'" (Lc 1,35).

> Na perícope da anunciação (Lc 1,26-38), chamam a atenção os seguintes aspectos específicos: o anjo se dirige a Maria com uma saudação respeitosa, a agraciada. Com isso Lucas define a posição que Maria ocupa em sua narrativa. O anjo anuncia a Maria a conceição do Messias do poder do Altíssimo. A pergunta de Maria de como isso sucederá, visto que não conhece marido (1,34), indica a condição de uma noiva que ainda não foi conduzida para casa. O anjo informa que por causa dessa conceição seu filho "será chamado santo e Filho de Deus". Em obediência a Deus, Maria declara sua disposição para que o prometido se cumprisse nela.[2]

Maria é "geradora de Deus" porque deu à luz ao Filho de Deus, que assumiu a condição humana, nela se fez nascer Deus segundo a carne, não gera Deus segundo o Espírito, isto é, "Maria traz em seu seio a presença encarnada de Deus"[3].

Em Gl 4,4, o Apóstolo alude de maneira peculiar à Divindade de Cristo e consequentemente também alude à filiação humana, na qual Deus desejou escolher a mediação de uma Mulher para Mãe de seu Filho.

A jovem de Nazaré torna-se Mãe do Verbo encarnado pela obediência ao que lhe foi confiado: "Eis aqui a serva do Senhor. Faça-se em mim segundo tua palavra" (Lc 1,38), e se faz mãe da humanidade pelo que lhe foi entregue no Calvário, pelo próprio Redentor, como mostra a citação joanina supracitada (Jo 19,25-27), consequentemente, torna-se Mãe da Igreja. "É, por sua vez, Mãe de seus membros, que somos nós, no sentido de que cooperou por meio do amor a gerar para a Igreja os fiéis, que formam os membros daquela cabeça[4]."

Assim nos diz a Constituição Dogmática *Lumen Gentium*:

> Assim Maria, filha de Adão, consentindo na palavra divina, tornou-se Mãe de Jesus, e abraçando com generosidade e sem pecado algum a vontade salvífica de Deus, consagrou-se totalmente, como escrava do Senhor, à pessoa e obra de seu Filho, servindo ao mistério da redenção sob a sua dependência e com ele, pela graça de Deus onipotente. Com razão afirmam os santos padres que Maria não foi instrumento meramente passivo nas mãos de Deus, mas cooperou na salvação dos homens com fé livre e com inteira obediência. Como diz Santo Ireneu, "pela obediência, ela tornou-se causa de salvação, para si e para todo o gênero humano".[5]

1.2. A função da Maternidade de Maria

Manfred Hauke, em seu livro *Introdução à Mariologia*, diz-nos que a maternidade não se refere à natureza, mas sim à pessoa. Contudo a concepção e o nascimento são atribuídos à pessoa, de acordo com a natureza na qual a pessoa é concebida. Maria é a mãe humana que dá à luz uma pessoa humana, não a natureza. Contudo, a pessoa divina do Verbo encarnado assume a natureza humana, é o Filho de Deus que foi concebido e parido pela Virgem. Por este motivo ela é chamada "Mãe de Deus"[6].

A função da "maternidade eclesial" de Maria é essencialmente soteriológica, pois manifesta a vontade salvadora de Deus para a humanidade, pois ela é Mãe do Salvador. A Maternidade Divina se une à Maternidade do Corpo Místico de Cristo, ao mesmo tempo em que é Mãe é também membro do Corpo Místico de Cristo e ocupa um lugar por excelência. Mesmo depois de ser elevada ao céu, ela continua a interceder pelos homens e por sua salvação. "A Igreja não hesita em professar abertamente uma função assim subordinada em Maria; experimenta-a continuamente e recomenda-a ao amor dos fiéis, para que, apoiados nesta proteção maternal, eles se unam mais intimamente ao Mediador e Salvador."[7]

Embora na narrativa bíblica, não esteja explícita a participação constante de Maria na vida pública de Jesus, ela sempre esteve presente, muitas vezes implicitamente ("oculta"), contudo, ela desempenha um papel preponderante na ação messiânica de Jesus no mistério da Redenção, "faça tudo o que Ele vos disser" (Jo 2,5). Cristo, efetivamente, inclui Maria na obra salvadora, como mediadora do único mediador, que é Ele mesmo.

Na participação e no protagonismo messiânico de Cristo, Maria em tudo participa das prerrogativas de predestinação, em detrimento dos méritos adquiridos pelo Filho do Altíssimo, manifestando-se assim o coroamento do plano divino, na atitude de entrega do próprio Cristo na Cruz. É elemento integrante do romper da aurora da Igreja.

2. Maria aos pés da cruz e a nova maternidade

2.1. Paralelismo: Maria nas Bodas de Caná e Maria aos pés da Cruz

Entre o episódio das Bodas de Caná e o episódio do Calvário, há uma nítida correlação entre as perícopes (Jo 2,1-11 e Jo 19,26-27) e sua particular mensagem, em que o eixo central está na pessoa e na ação messiânica de Jesus, em uma pertinente hermenêutica presente no capítulo VIII do documento conciliar *Lumen Gentium*. É uma reflexão substancial e profundamente cristológica.

Nesse sentido, esse paralelismo ressalta um fator referencial, que é o aspecto da "hora de Jesus" e de sua glorificação final, sua redenção. Nele se revela e se manifesta a hora esperada; o que foi solicitado nas bodas de Caná (Jo 2,1-11) é concretizado aos pés da cruz

(Jo 19,25-27). Assim também Maria experimentou sua hora, anunciada por Deus na encarnação (Lc 1,26-38) e confirmada aos pés da Cruz, onde pelo mesmo Filho por ela gerado lhe é conferida a maternidade universal, a maternidade sobre todos os homens.

Mesmo que a narrativa bíblica não mencione diretamente uma resposta de Maria frente ao diálogo entre Jesus e o discípulo amado, Maria continua fixa no olhar e na "escuta", aos pés da Cruz, na qual a humanidade é representada por ela. Nesse sentido, Maria é intitulada coparticipante no Sacrífico Redentor de Cristo. Sacrifício este que a Igreja perpetua no Sacrifício Memorial Eucarístico e nos ensina a realizarmos no mesmo silêncio de Maria aos pés da cruz, onde somos chamados a realizar exatamente o que ela determinou aos serventes (Jo 2,5). A ela é conferida a autoridade, manifestando assim o esboço dessa nova maternidade, na solicitude diante das necessidades dos homens.

No sacrifício redentor, aos pés da Cruz, só alguém sem mácula, sem mancha, poderia ser integrada, incorporada a esse sacrifício, pois o Cordeiro imolado é o próprio Filho de Deus, sem mancha, por isso ela se junta ao sofrimento e à dor de seu próprio filho Jesus. Ela continua ao lado dos sofrimentos dos aflitos e pobres, onde nosso Senhor ainda continua sendo crucificado, e ela, por sua vez, continua a interceder em nossas infindáveis atribulações, por causa da dureza dos corações dos homens (Jo 19,25-27).

O teólogo René Laurentin nos diz que é aos pés da Cruz que a Maternidade Divina assume a Maternidade dos homens, a maternidade eclesial na participação do mérito universal[8], quando Jesus profere as palavras sacramentais: "Mulher, eis aí o seu filho, filho eis aí a sua mãe" (Jo 19,26-27). Contudo há uma inclusão recíproca, uma íntima relação entre a Anunciação e o Calvário, de onde a Igreja dá seus primeiros passos. É o "servo sofredor" (Hb 4,14-16) que se faz dom por amor a toda humana criatura, e que, por sua vez, no sacrifício da cruz concretiza sua obra redentora. Nesse sentido, a Maternidade torna-se uma profunda experiência de esvaziamento ("kenosis"), uma glória do dar-se e do receber em si o mistério do Altíssimo.

É mister dizer que, diante da narrativa de São João (Jo 19,25-28), nasce aos pés da Cruz do Senhor a Igreja, sobre os cuidados da Mãe do Redentor. Ela torna-se a Mãe da humanidade (Maternidade Universal), Mãe da Comunidade de fé (Maternidade Eclesial). Nessa narrativa joanina, Maria ocupa um lugar de mais elevado grau. Isto é, por vontade do Pai, na obediência do Filho e na ação do Espírito, faz de Maria a *Mater Ecclesiae*, Mãe de todos os fiéis. Portanto, a cooperadora de Cristo no mistério da salvação dos homens. Em Maria, revela-se o "lugar" singular em toda a economia da salvação, como nos exorta São João Paulo II, na *Redemptoris Mater*[24].

> As palavras que Jesus pronuncia do alto da Cruz significam que a maternidade de sua Genetriz tem uma "nova" continuação na Igreja e mediante a Igreja, simbolizada e representada por São João. Deste modo, aquela que, como "a cheia de graça", foi introduzida no mistério de Cristo para ser sua Mãe, isto é, a Santa Genetriz de Deus, por meio da Igreja permanece naquele mistério como "a mulher" indicada pelo Livro do Gênesis (cf. 3,15), no princípio, e pelo Apocalipse (cf. 12,1), no final da história da salvação. Segundo o eterno desígnio da Providência, a maternidade divina de Maria deve estender-se à Igreja, como estão a indicar certas afirmações da Tradição, segundo as quais a maternidade de Maria para com a Igreja é o reflexo e o prolongamento de sua maternidade para com o Filho de Deus.[9]

2.2. Da maternidade Divina de Maria nasce também a Igreja

Maria foi predestinada, preparada e incumbida segundo os desígnios de Deus para ser a Mãe do Verbo. Nisso se revela a singular unicidade de sua missão como Mãe do Verbo, juntamente com a coparticipação no mistério de Cristo e da Igreja, como nos lembra o capítulo VIII da Constituição Dogmática *Lumen Gentium:* "A Bem-aventurada Virgem Maria Mãe de Deus no Mistério de Cristo e da Igreja"[10]. Nesse sentido, a maternidade e suas prerrogativas nos levam a olhar atentamente para Maria como modelo de obediência e serviço, no seguimento de nosso Senhor Jesus Cristo, a quem ela gerou, manifestado no modelo de amor materno divino e humano para com o Corpo Místico de Cristo (cf. *Lumen Gentium* 65 – Jo 9,25-27).

Sob a sombra da Cruz, aquela que gerou e revelou ao mundo o Filho do Homem, gerada na mesma dor da espada que transpassa seu coração (Lc 2,22-35), gera a nova humanidade e manifesta a nova maternidade. Em outras palavras, Maria se torna o útero do qual é gerada e nasce a Igreja.

Maria, ao mesmo tempo que é "Igreja-Filha", é também a prefiguração da Igreja Mãe, e assim consequentemente se torna a Mãe da Igreja. Maternidade essa que parte do lumiar da Cruz, onde, no doloroso silêncio da paixão de seu Filho Redentor, lhe é confirmada a hora revelada nas bodas de Caná (Jo 2,1-11), onde aquilo que foi solicitado ao Filho se concretiza aos pés da Cruz, e ensina a Igreja exatamente o que havia ordenado aos serventes: "Fazei tudo o que Ele vos disser" (Jo 2,5). É a clara resposta messiânica que Cristo Jesus disse a sua Mãe (Jo 2,6-11).

Nesse sentido, podemos dizer que a Maternidade divina é o princípio da maternidade espiritual (humana/universal), que perpassa a cooperação de Maria e culmina no nascimento da Igreja, tendo como "ponto de partida" a encarnação e como "ponto de chegada" o que lhe foi conferido aos pés da Cruz. Assim nos revela o Papa Emérito Bento XVI, em sua homilia na Concelebração Eucarística, no Santuário de "Mearem Ana Eví", em Éfeso, 29 de novembro de 2006.

> Ouvimos o trecho do Evangelho de João, que convida a contemplar o momento da Redenção quando Maria, unida ao Filho na oferta do Sacrifício, ampliou sua maternidade a todos os homens e, de maneira particular, aos discípulos de Jesus. Testemunha privilegiada deste acontecimento, é o próprio autor do quarto Evangelho, João, o único dos Apóstolos que permaneceu no Gólgota, juntamente com a Mãe de Jesus e com outras mulheres. A maternidade de Maria, iniciada com o fiat de Nazaré, cumpre-se aos pés da Cruz. Se é verdade como observa Santo Anselmo que "no momento do fiat Maria começou a trazer todos nós em seu seio", a vocação e a missão maternais da Virgem em relação aos crentes em Cristo teve início quando Jesus lhe disse: "Mulher, eis o teu filho!" (Jo 19,26). Ao ver do alto da cruz a Mãe e ali ao seu lado o discípulo tão amado, Cristo moribundo reconheceu as primícias da nova Família que Ele tinha vindo formar no mundo, o germe da Igreja e da nova humanidade. Por isso, dirigiu-se a Maria, chamando-lhe "mulher", e não "mãe", termo este que, ao contrário, utilizou quando a confiou ao discípulo: "Eis a tua mãe!" (Jo 19,27)[11].

3. Na Maternidade Divina de Maria, a verdadeira humanidade de Cristo

3.1. Maternidade Divina e Humana nas reflexões e doutrinas conciliares

Segundo o verbete do Dicionário de Mariologia, essencialmente, toda a reflexão teológica dogmática sobre a maternidade de Maria perpassa pelos concílios: Constantinopolitano, Éfeso, Calcedônia e Vaticano II. Todos eles contribuíram para tornar atual esse mistério mariano.

a) O Concílio Constantinopolitano (381)

Teve como objetivo principal resolver duas grandes questões de fundo: a primeira, da polêmica questão com os arianos, e a segunda, a questão quanto à origem e natureza divina do Espírito Santo.

Nesse Concílio, a única referência feita a Maria e sua maternidade virginal se expressa no símbolo, considerada como a primeira formulação de fé. "Nele Maria é mencionada como o elemento humano que esclarece a encarnação do Verbo e sua obra salvífica."[12]

> A fórmula mariana do concílio de exprimir solenemente a função materna de Maria teve na encarnação do Filho de Deus como tal, mas não se limita apenas a esse aspecto ontológico; ela está também relacionada com o aspecto soteriológico, isto é, com a própria finalidade da encarnação, como é declarado pelo artigo que a precede, ou seja, o Filho de Deus se encarnou etc. no seio de Maria virgem, por causa dos homens e para sua salvação.[13]

b) O Concílio de Éfeso (431)

É constituído em torno da problemática referente à natureza divina e humana de Cristo, questão já presente anteriormente tanto no símbolo Niceno quanto no Constantinopolitano, em que se assegura concretamente que Jesus Cristo é verdadeiramente homem e Deus, e posteriormente, a partir dessa reflexão das duas naturezas de Cristo, debruça-se sobre a questão da legitimidade ou não do título Theotókos atribuído a Maria.

> Devemos dizer que o significado do título Theotókos em Éfesos é dedutível, parcialmente, do próprio termo "mãe" que engloba o processo genético da concepção e do parto, e, exaustivamente, dos esclarecimentos doutrinais com que foi ilustrado: a divindade do Verbo não teve princípio em Maria, mas dela e nela tomou a natureza humana completa que assumira como próprio segundo a hipóstase. Theotókos, portanto, não significa teologicamente "mãe da divindade", mas "mãe do Verbo encarnado".[14]

Contudo é explicitamente clara a finalidade soteriológica dessa reflexão teológica em torno dessa problemática do Concílio e de suas afirmações quanto à Maternidade Divina de Maria e à encanação do Verbo, com o intuito de afirmar a conservação da integridade da fé para toda a Igreja.

c) Concílio de Calcedônia (451)

O Concílio de Calcedônia, assim como o Concílio de Éfeso, suscitou "um renovado interesse", quanto à reflexão teológica, especialmente no âmbito cristológico, no que diz respeito ao problema da Maternidade Divina de Maria, que por sua vez, não se pode determinar eficazmente a doutrina acerca dessa Maternidade. Segundo o verbete do Dicionário de Mariologia, a doutrina proclamada em Calcedônia manifesta uma clara preocupação racional em aprofundar e esclarecer o mistério da encarnação e da maternidade Divina de Maria, seguindo os passos da reflexão teológica do Concílio de Éfeso.

> Quanto ao aspecto dogmático, ainda que em Calcedônia não tenha havido na proclamação de verdade de fé, a maternidade divina merece particular atenção. Costuma-se dizer que a definição solene da Theotókos produziu-se em Éfeso, e isso é verdade no que diz respeito à essência doutrinal; mas, quanto ao aspecto formal e jurídico, isto é, quanto a uma formulação verbal com valor dogmático expressamente declarado, essa ocorreu com o Decreto de Calcedônia.[15]

d) Concílio Vaticano II (1962-1965)

É na Constituição Dogmática *Lumen Gentium*, seu mais importante dos documentos, e em particular no capítulo VIII, que o Concílio vai firmar não somente os elementos doutrinários a respeito da Maternidade Divina de Maria, como também, revelar e ressaltar o papel preponderante da missão de Maria para a Igreja, como cooperadora do Redentor no mistério da salvação.

A doutrina conciliar nos apresenta dois aspectos fundamentais sobre a maternidade divina de Maria, isto é, segundo o que nos apresenta o verbete do Dicionário de Mariologia:

1) A maternidade divina no mistério de Cristo.

> De fato, ao mesmo tempo que se limita a indicar que Maria é a virgem que concebe e dá à luz, que o Filho de Deus assumiu dela a natureza humana e que o nascimento dele não diminuiu sua integridade virginal mas a consagrou, como sendo os aspectos doutrinais e ontológicos tradicionais da maternidade divina, mostra com vigor, e repetidas vezes (LG 55.56), a finalidade e a incidência soteriológica de tal maternidade, perspectiva essa da história da salvação que exprime a intenção precisa do concílio de reler a missão materna de Maria não tanto pelo que significa em si mesma ou com relação a sua pessoa ou à pessoa do Verbo encarnado como tal, porém bem mais pelo significado e pela contribuição que ela dá à salvação humana.[16]

2) A maternidade divina no mistério da igreja: "Ao afirmar esse tipo de lógica do ser e da missão entre Maria e a igreja, o concílio pretende dizer que não é somente Maria que é mãe e virgem, mas que também a igreja é mãe e virgem, e que a maternidade da primeira é figura da maternidade da segunda, não só porque a interpretou primeiro, como também porque dela deu exemplo eminente e singular".[17]

Tudo o que nos ensina o Documento Conciliar *Lumen Gentium*, em particular o cap. VIII, remete-nos a dizer que tudo que é atribuído singularmente a Maria, tanto em sua missão quanto em sua cooperação no mistério salvífico, tem como finalidade última servir aos desígnios da vontade de Deus.

O Concílio Vaticano II nos revela que a maternidade espiritual de Maria, em favor da Igreja, aponta-

-nos para uma reflexão análoga entre a Maternidade Divina e a Maternidade espiritual (a nova maternidade), que nos diz claramente: "A Igreja torna-se 'Mãe' pela fiel recepção da Palavra de Deus: efetivamente, pela pregação e pelo batismo, gera, para vida nova e imortal, os filhos concebidos por ação do Espírito Santo e nascidos de Deus. Também ela é virgem, pois guarda fidelidade total e pura a seu Esposo; [...] a Igreja conserva virginalmente uma fé íntegra, uma sólida esperança e uma verdadeira caridade"[18].

3.2. Paradigma da Maternidade Nova – Universal e Eclesial

Maria está sempre relacionada a pessoa de Jesus Cristo, elemento primordial do protagonismo das reflexões e discursos mariológicos dos Santos Padres, a partir do testemunho de Maria presente nas narrativas dos Evangelhos e dos Apócrifos. Nesse sentido, podemos dizer que o eixo central da reflexão mariológica, na *Lumen Gentium*, é perpassado por dois aspectos fundamentais: o eclesiológico e o cristológico, expresso em seu tema "Maria no mistério de Cristo e da Igreja"[19], tendo como ponto central o aspecto cristocêntrico.

A dupla natureza materna compreende dois atributos "indissolúveis", no que diz respeito à relação intrínseca entre Maria e a Igreja, a qual lhe é conferida nas prerrogativas de Mãe do Verbo encarnado e Mãe do Corpo Místico do Redentor. Ela é aquela que gera Cristo em cada cristão. O teólogo Clodovis Boff fala claramente dessa relação tipológica entre Maria e a Igreja, em seu livro *Mariologia Social*: "Efetivamente, entre Maria e a Igreja há mais que uma simples comparação ou 'identificação analógica', como se dissesse: 'Maria é como (se fosse) a Igreja'. O que existe é antes uma relação íntima e profunda, uma 'identificação mistérica', que nos permite dizer: 'Maria é a Igreja. Ela é a Igreja em pessoa, a Ecclesia contracta'".[20]

Ainda, segundo Clodovis Boff, "Maria é a mãe da nova humanidade, a quem gera para a vida de Cristo através de um parto espiritual ou místico, mais doloroso que qualquer outro"[21]. Portanto podemos dizer que esse "parto doloroso" se dá aos pés da Cruz, quando lhe é atribuído pelo próprio Redentor a missão da maternidade nova, a maternidade universal, em outras palavras, é-lhe conferida a maternidade da Igreja. Portanto uma maternidade integral, que a torna a mulher feito Igreja.

Maria feita Igreja ou Mulher Igreja (Ap 12,1-3) é também corpo místico de Cristo que, como Igreja, Ela é *"membro eminente, mas membro"*, já citado por Santo Agostinho. Ela está ao lado do povo, do qual é parte constitutiva da Igreja. "Como Maria, também todos os que creem e, portanto, a Igreja, estão chamados a 'cooperar' com os desígnios salvíficos de Deus, pronunciando também eles na fé, na esperança, e na caridade seu fiat. Mas Maria, os fiéis e a Igreja são totalmente fruto da redenção e, portanto, sua cooperação (mediação) está realizada por completo em virtude da graça e das virtudes proporcionadas pelo único Redentor."[22] Maria é o modelo, por excelência de todos os fiéis que acolhem com fé os desígnios de Deus, por isso, ela é a imagem da Igreja, a "*Virgo ecclesia facta*", da qual todos formamos o Corpo Místico de Cristo. Sendo Ela Mãe do Salvador é também para a Igreja Povo de Deus, fonte da salvação.

3.3. A Maternidade na perspectiva de Pentecostes

Na Constituição Dogmática *Lumen Gentium*, n. 63, Maria é a "Mulher feita Igreja", assim como expressa São Francisco de Assis, em sua "Saudação à Mãe de Deus".[23] Ela é símbolo da mediação da Igreja e modelo do modo de ser Igreja. Maria é o logos da revelação, em que Francisco de Assis a reconhece como lugar "[...] em quem esteve e está toda a plenitude da graça e todo o bem"[24], revelando assim o caráter esponsal e pneumatológico da maternidade de Maria, Mãe de Deus e da Igreja. Maternidade essa que se manifesta no mistério da Encarnação ao mistério da Páscoa e culmina na Ação do Espírito Santo em Pentecoste, evento este pós-pascal e que é o marco referencial do nascimento da Igreja. Em todos esses três eventos: Encarnação, Páscoa e Pentecostes, Maria se faz presente efetivamente, na obediência à missão a ela confiada pelo Pai. "Maria é centro e núcleo focal da Igreja na luz do Espírito."[25]

> O itinerário de fé percorrido por Maria, do momento em que foi coberta pela sombra do Espírito em Nazaré até a efusão do Espírito sobre a Igreja no cenáculo, é completado – por dizer – com um novo papel: o Espírito Santo agora inspira a Igreja com a sua norma mariana. Justamente por estar "cheia do Espírito", ela se torna o modelo e o arquétipo da Igreja: Mas a Igreja já é aquela fundada junto à cruz: a assembleia dos fiéis ao redor daqueles que foram dotados do carisma da autoridade, com Maria no centro deles.[26]

Contudo podemos dizer que a Igreja dá seus primeiros passos em sua ação eclesial, na entrega confiada a Maria pelo próprio Filho aos pés da Cruz e aos cuidados do discípulo amado que é a prefiguração da Igreja, embora a tarefa de governar é confiada a Pedro: "Tu és Pedro, e sobre esta pedra edificarei minha Igreja" (Mt 16,18). É o que nos afirma Brendan Leahy:

> De fato, o sim mariano na Encarnação da cabeça da Igreja – e portanto de seus membros – precede não só cronologicamente, porquanto a nomeação dos Doze e de Pedro – em sua cúpula – embora importante, seja um ato singu-

lar e posterior de Jesus, mas também qualitativamente a forma da fé mariana permissiva se torna a forma determinante, dada interiormente, de cada ser e comportamento no interior da catholica.[27]

Na narrativa bíblica, podemos sinalizar dois eventos Pentecostes: um Pentecoste joanino (Jo 20,22), que se dá antes da Páscoa, e o Pentecostes lucano (At 1,14), que se dá cinquenta dias após a Páscoa, em que o Senhor manifesta o Espírito Santo de duas formas. Cada um explicita sua perspectiva particular, com uma argumentação e uma forma diferente de conceber e apresentar a manifestação do Espírito. Entretanto, as mensagens se integram, pois tal ação se dá na história da salvação pelo sacrifício pascal de Cristo.

Em At 1,14, destaca-se a ação e revelação do Espírito Santo junto aos apóstolos e de algumas mulheres e, entre elas, Maria a Mãe de Jesus, em uma comunhão intrínseca de mistério entre Jesus, sua Mãe e a Igreja em seu nascente fulgor. Essa comunhão revela o que foi confiado a Maria aos pés da Cruz por seu próprio filho crucificado, tornando-a Mãe da Igreja, exercendo a missão de intercessora e suplicante pelas necessidades da Igreja, assim como aconteceu nas bodas de Caná da Galileia.

Pentecostes é um processo no nascimento da Igreja, porque não dizer, um processo de continuidade do que foi anunciado aos pés da cruz.

Conclusão

Este capítulo foi desenvolvido no intuito de melhor entender a contribuição e o papel preponderante de Maria e seu protagonismo como Mãe de Deus e da Igreja.

Podemos afirmar que este estudo nos apresenta referenciais basilares, tendo como ponto de partida as Sagradas Escrituras e os Documentos da Igreja, que nos conduzem no caminho de reflexão teológica da Mariologia e sua contribuição para a vida eclesial.

Contudo, constatamos que há uma significativa abertura para uma melhor compreensão da indispensável contribuição da Mariologia na vida eclesial, como paradigma de anúncio do Evangelho, fundamentada por uma eclesiologia que parte da vontade de Deus no sacrifício da Cruz, quando Jesus Cristo entrega sua Mãe aos cuidados do discípulo amado e sua Igreja aos cuidados de sua Mãe (Jo 19,25-27).

Na maternidade de Maria, que gerou o Verbo, nasce também a Igreja, em uma relação mútua de amor e de unidade a seu Filho Jesus Cristo. Assim nos ensina o Catecismo da Igreja: "O papel de Maria para com a Igreja é inseparável de sua união com Cristo, decorrendo diretamente dessa união. Esta união de Maria com seu Filho, na obra da salvação, manifesta-se desde a hora da concepção virginal de

Cristo até sua morte".[28] Esse amor se revela, por um lado na obediência do Filho, o Crucificado, que, pela vontade do Pai e a ação do Espírito, manifesta a mais autêntica entrega de amor, como sinal perfeito de comunhão. Por outro lado, a comunhão da Igreja nasce das três dimensões do projeto salvífico: Encarnação, Páscoa e Pentecostes, tendo como modelo Maria, a Mãe de Deus e da Igreja.

A maternidade nova, na qual nasce a Igreja, é a fecundidade do mistério de Amor, o Cristo Senhor e cabeça da Igreja, que dirige e conduz a uma abertura e a um acolhimento no seguimento de seu Evangelho. É da maternidade fecundada, no Amor e pelo Amor, que por excelência nasce também a Igreja. Assim sendo, [...] "a Igreja não hesita em professar abertamente uma função assim subordinada em Maria; experimenta-a continuamente e recomenda-a ao amor dos fiéis, para que, apoiados nesta proteção maternal, eles se unam mais intimamente ao Mediador e Salvador"[29].

A Maternidade de Maria é uma ação do Espírito, que se manifesta nos três sinais do mistério da salvação: Encarnação, Páscoa e Pentecostes. Embora Pentecostes seja o marco referencial do nascimento da Igreja, podemos dizer que a Igreja dá seus primeiros passos, em sua ação eclesial, na entrega confiada a Maria, da Encarnação a Pentecostes, mas que foi potencializada pelo próprio Filho, aos pés da Cruz.

A dupla natureza da maternidade de Maria, revelada nas três dimensões do projeto salvífico, atesta que da mesma maternidade que nasce Cristo nasce também a Igreja.

A Igreja, ao crescer na consciência do papel e da contribuição de Maria, na cooperação e na história do Povo de Deus, consequentemente nos faz também crescer no reconhecimento do papel indispensável da mulher, na ação apostólica da Igreja e inclusive na dinâmica do pensar teológico.

Em conclusão, as reflexões deste capítulo nos levam a ter uma maior consciência da Maternidade que gera Cristo e sua Igreja. Desse modo, podemos atestar que de fato a Igreja nos revela em seu magistério uma bela e profunda relação entre Maria, a Mãe de Jesus, e Maria, a Mãe da Igreja.

Paulo Roberto Santos Santana

Natural da cidade de Estância, em Sergipe. Sacerdote religioso franciscano da Ordem dos Frades Menores, pertencente à Província Franciscana da Imaculada Conceição do Brasil. Cursou Filosofia, pelo Instituto Franciscano de Filosofia São Boaventura, e Teologia, no Instituto Teológico Franciscano, em Petrópolis; complementou seus estudos em Teologia, pela Pontifícia Universidade Católica do Rio de Janeiro. Especialista em Mariologia, pela Faculdade Dehoniana, em parceria com a Academia Marial de Aparecida.

NOTAS

[1] CONCÍLIO VATICANO II. Constituição Dogmática *Lumen Gentium* sobre a Igreja. In *Documento do Concílio Vaticano II,* 1997. p. 182.

[2] MÜLLER, Alois, SATTER Dorothea; H. *Mariologia.* In. SCHNEIDER, Theodor (org.). *Manual de Dogmática,* (vol. II.); p. 148.

[3] Stefano de FIORES; Salvatore MEO. *Dicionário de Mariologia,* 1995, p. 779.

[4] HAUKE, Manfred. *Introdução à Mariologia.* 2021. p. 147

[5] CONCÍLIO VATICANO II. Constituição Dogmática *Lumen Gentium* sobre a Igreja. In *Documento do Concílio Vaticano II.* São Paulo: Paulus, 7ª ed. 2017. p. 183.

[6] HAUKE, Manfred. *Introdução à Mariologia.* 2021. p. 138.

[7] CONCÍLIO VATICANO II. Constituição Dogmática *Lumen Gentium* sobre a Igreja. In Documento *do Concílio Vaticano II.* São Paulo: Paulus, 7ª ed. 2017. p. 61.

[8] LAURENTIN, René. *Breve Tratado de Teologia Mariana.* p. 154.

[9] JOÃO PAULO II. *Carta Encíclica "Redemptoris Mater" do Sumo Pontífice João Paulo II sobre a Bem-Aventurada Virgem Maria na vida da Igreja que está a caminho.* 2016, p. 42.

[10] CONCÍLIO VATICANO II. Constituição Dogmática *Lumen Gentium* sobre a Igreja. In *Documento do Concílio Vaticano II.* São Paulo: Paulus, 7 ed. 2017. p. 179.

[11] BENTO VI. *Homilia do Santo Padre na Concelebração Eucarística no Santuário de "Meryem Ana Eví" (on-line).* 2006. Disponível em: <https://www.vatican.va/content/benedict-xvi/pt/homilies/2006.index.html>. Acesso em: 6 de janeiro de 2023.

[12] Stefano de FIORES; Salvatore MEO. *Dicionário de Mariologia,* 1995, p. 782.

[13] Stefano de FIORES; Salvatore MEO. *Dicionário de Mariologia,* 1995, p. 783.

[14] Stefano de FIORES; Salvatore MEO. *Dicionário de Mariologia,* 1995, p. 785.

[15] Stefano de FIORES; Salvatore MEO. *Dicionário de Mariologia,*

1995, p. 788.
[16] Stefano de FIORES; Salvatore MEO. *Dicionário de Mariologia*, 1995, p. 789.
[17] Stefano de FIORES; Salvatore MEO. *Dicionário de Mariologia*, 1995, p. 790.
[18] HAUKE, Manfred. *Introdução à Mariologia*. p. 297.
[19] CONCÍLIO VATICANO II. Constituição Dogmática *Lumen Gentium* sobre a Igreja. In *Documento do Concílio Vaticano II*. São Paulo: Paulus, 7ª ed. 2017. p. 179-189.
[20] BOFF, Clodovis. *Mariologia Social*. 2003. p. 42.
[21] BOFF, Clodovis. *Mariologia, Iniciação à Teologia*. 2004. p. 80.
[22] POMPEI. Alfonso. *Manual de Teologia Franciscana*, 2005, p. 265.
[23] *FONTES Franciscanas e Clarianas*. p. 187.
[24] *FONTES Franciscanas e Clarianas*. p. 187.
[25] LEAHY, Brendan. *O Princípio Mariano na Igreja*. p. 128.
[26] LEAHY, Brendan. *O Princípio Mariano na Igreja*. p. 128.
[27] LEAHY, Brendan. *O Princípio Mariano na Igreja*. p. 157.
[28] CATECISMO DA IGREJA CATÓLICA. 964.
[29] CONCÍLIO VATICANO II. Constituição Dogmática *Lumen Gentium* sobre a Igreja. In *Documento do Concílio Vaticano II*. São Paulo: Paulus, 7ª ed. 2017. p. 61.

Referências

BENTO VI. *Homilia do Santo Padre na Concelebração Eucarística no Santuário de "Meryem Ana Eví" (on-line).* 2006. Disponível em: <https://www.vatican.va/content/benedict-xvi/pt/homilies/2006.index.html>. Acesso em: 6 de janeiro de 2023.

BÍBLIA de Jerusalém. São Paulo: Paulus, 2002.

BOFF, Clodovis M. *Mariologia Social.* São Paulo: Paulus. 1ª ed. 2003.

BOFF, Clodovis. *Mariologia, Iniciação à Teologia.* Petrópolis: Vozes, 2004.

CANTALAMESSA, Raniero. *Maria. Um espelho para a Igreja.* Aparecida: Santuário, 1992.

CATECISMO DA IGREJA CATÓLICA. São Paulo: Loyola, 4ª ed. 1999.

CONCÍLIO VATICANO II. Constituição Dogmática *Lumen Gentium* sobre a Igreja. In *Documento do Concílio Vaticano II.* 1ª ed. São Paulo: Paulus, 1997, p. 101-197.

FIORES Stefano; MEO Salvatore. (dirs.) *Dicionário de Mariologia.* São Paulo: Paulus, 1995.

FONTES Franciscanas e Clarianas. 2ª ed. Petrópolis: Vozes. 2008.

HAUKE, Manfred. *Introdução à Mariologia.* Campinas: Ecclesiae. 1ª ed. 2021.

JOÃO PAULO II. *Carta Encíclica "Redemptoris Mater" do Sumo Pontífice João Paulo II sobre a Bem-Aventurada Virgem Maria na vida da Igreja que está a caminho.* 1ª ed. Brasília: CNBB, 2016.

LAURENTIN, René. *Breve Tratado de Teologia Mariana.* Petrópolis: Vozes. 1965.

LEAHY, Brendan. *O Princípio Mariano na Igreja.* São Paulo: Cidade Nova. 2005.

MERINO, José Antônio; FRESNEDA, Francisco Martínez (coords.). *Manual de Teologia Franciscana,* 2005.

SCHNEIDER, Theodor (org.). *Manual de Dogmática.* vol. 2. Petrópolis: Vozes. 2001.

ÍNDICE